DES RAPPORTS DES FABRIQUES

ET DES

CONSEILS PRESBYTÉRAUX AVEC LES COMMUNES

D'APRÈS

LA LOI DU 5 AVRIL 1884

PAR

Armand LODS

DOCTEUR EN DROIT, AVOCAT A LA COUR DE PARIS

PARIS
ERNEST THORIN, ÉDITEUR
Libraire du Collège de France, de l'Ecole normale supérieure, des Écoles françaises d'Athènes et de Rome
7, RUE DE MÉDICIS, 7

1885

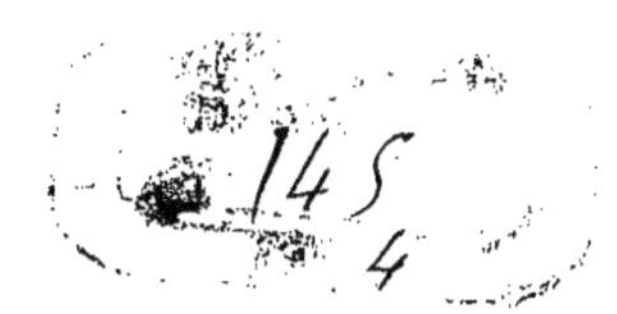

DES

RAPPORTS DES FABRIQUES ET DES CONSEILS PRESBYTÉRAUX

AVEC LES COMMUNES

D'APRÈS LA LOI MUNICIPALE DU 5 AVRIL 1884

DU MÊME AUTEUR :

De la vente à réméré, précédée d'une étude sur la *lex commissoria*. 1879. In-8°. Paris, Thorin. 4 »

Des causes de rescision de l'acceptation des successions. 1878. In-8°. Paris, Thorin. 1 »

Du partage provisionnel. 1880. In-8°. Paris, Thorin. 1 »

Des soutiens de famille. 1882. In-8°. Paris, Thorin. 1 »

Etude juridique sur la réorganisation administrative de l'Eglise de la Confession d'Augsbourg. 1884. In-8°. Paris, Fischbacher. 1 »

Des dons et legs en faveur des conseils presbytéraux et des consistoires. 1885. In-8°. Paris, Fischbacher. 1 »

TOULOUSE. — IMPRIMERIE A. CHAUVIN ET FILS, RUE DES SALENQUES, 28.

DES

RAPPORTS DES FABRIQUES

ET DES

CONSEILS PRESBYTÉRAUX AVEC LES COMMUNES

D'APRÈS

LA LOI DU 5 AVRIL 1884

PAR

Armand LODS

DOCTEUR EN DROIT, AVOCAT A LA COUR DE PARIS

PARIS

ERNEST THORIN, ÉDITEUR

Libraire du Collège de France, de l'Ecole normale supérieure, des Écoles françaises d'Athènes et de Rome

7, RUE DE MÉDICIS, 7

1885

DES

RAPPORTS DES FABRIQUES ET DES CONSEILS PRESBYTÉRAUX

AVEC LES COMMUNES

D'APRÈS LA LOI MUNICIPALE DU 5 AVRIL 1884

LOI DU 5 AVRIL 1884, ARTICLES 70, § 5 ET 136, §§ 11-12

La nouvelle loi municipale apporte des modifications importantes dans les rapports des différents cultes reconnus par l'Etat avec l'administration communale ; elle tranche bien des points qui jusqu'ici avaient été réglés par la jurisprudence ; elle rend plus sévère le droit de contrôle sur les finances des établissements ecclésiastiques ; elle diminue dans une large mesure la part contributive du budget communal dans les dépenses des fabriques ; en un mot, elle soulève sans cesse des questions religieuses, à tel point que Mgr Freppel a pu dire, avec juste raison : « Nous avons l'air de discuter une loi sur les fabriques bien plus qu'une loi municipale. » N'est-il pas intéressant de suivre les phases de cette discussion, d'indiquer les solutions données par la loi du 5 avril 1884, de montrer ce qui existait hier, et de rechercher si ce qui est aujourd'hui constitue un progrès réel ?

I. — Déjà, dans notre ancien droit, alors que les fabriques possédaient des biens considérables, alors que les curés décimateurs percevaient des revenus importants, les communes contribuaient, dans une large mesure, aux dépenses occasionnées par la célébration du culte. Les paroissiens devaient à leur curé un logement convenable, et, d'après la jurisprudence la plus généralement suivie, le logement comprenait « les granges nécessaires pour serrer les dîmes dépendant de la cure (1). » Les grosses réparations du presbytère incombaient aux habitants

(1) Denisart, *Collection de décisions relatives à la jurisprudence*, vol. III, v° *Presbytère*, § 5.

de la paroisse ; le curé avait à sa charge les réparations d'entretien, « c'est-à-dire celles dont les usufruitiers et les douairiers sont tenus (1). »

Quant aux réparations des églises, on distinguait entre les réparations à faire à la nef et celles qui devaient s'effectuer au chœur ou au cancel ; les premières étaient à la charge des habitants de la paroisse, tandis que les secondes incombaient pour la totalité à ceux qui percevaient la dîme (2), c'est-à-dire soit aux curés décimateurs, soit aux évêques, soit aux chapitres (3). Les frais de culte proprement dits, l'achat et l'entretien des ornements, des vases sacrés, n'étant pas à la charge des habitants, la fabrique les supportait, et, si elle n'avait pas de revenus suffisants, les gros décimateurs en étaient subsidiairement tenus (4). Toutes les difficultés qui s'élevaient entre les habitants d'une paroisse et la fabrique ou les curés pour les constructions, réparations d'édifices religieux, étaient jugées par les intendants des provinces ; compétence leur était attribuée en cette matière par l'édit du mois d'avril 1695 (art. 22).

II. — Telle était la situation des fabriques vis-à-vis des communes quand éclata la *Révolution*, qui devait modifier si profondément la constitution politique, sociale et religieuse de la France. L'ancien régime disparaissait ; dans un élan superbe, les ordres privilégiés renonçaient eux-mêmes à leurs privilèges ; le décret du 4 août 1789 portait abolition des dîmes et des redevances perçues par les bénéficiers, les fabriques et tous gens de mainmorte, et annonçait qu'il sera pourvu d'une autre manière « à la dépense du culte divin, à l'entretien des ministres des autels, au soulagement des pauvres, aux réparations et reconstructions des églises et presbytères (5). » Ce ne sont pas seulement leurs revenus que les fabriques allaient perdre : un décret des 2-4 novembre 1789 met tous les biens ecclésiastiques à la disposition de la nation ; héritant de ce patrimoine, l'Etat

(1) Denisart, *ibid.*, § 13.

(2) Déclaration de 1683. Édit du mois d'avril 1695 (art. 22). Denisart, v° *Eglise*, § 21-22.

(3) Denisart, v° *Décimateurs*, § 2.

(4) *Id.*, v° *Habitants*, § 3.

(5) Décret des 4-12 août, sanctionné le 1er septembre 1789 (art. 5).

prend à sa charge l'entretien des ministres, les frais du culte; il stipule même que la dotation de chaque cure ne pourra être inférieure à 1,200 livres par année, sans y comprendre le logement et les jardins en dépendant. La vente de tous les immeubles appartenant aux fabriques fut ordonnée par le décret du 19 août 1792. Pour indemniser les fabriques de la perte de jouissance, l'Etat s'engageait à leur payer une rente de 4 pour 100 du prix net des biens ainsi aliénés. C'était là une obligation formelle; mais la Convention, poussée par sa haine aveugle contre le clergé, loin de tenir cette promesse, interdit aux communes d'acquérir ou de louer un local pour l'exercice des cultes (1).

III. — L'Eglise fut persécutée jusqu'au moment où le premier Consul vint mettre l'ordre là où régnait le désordre le plus complet, et conclut, avec le légat du pape Pie VII, le concordat du 26 messidor an IX, bientôt suivi de la loi du 18 germinal an X, réorganisant les cultes catholique et protestant. Désormais, ces cultes seront librement exercés en France. L'Etat prend à sa charge le traitement des ministres (art. 64 à 70); les presbytères non aliénés sont rendus aux curés et desservants des succursales (art. 72); les édifices anciennement destinés au culte catholique sont mis à la disposition des évêques par arrêté du préfet (art. 75). Le texte des articles organiques n'était pas conçu en des termes clairs; il présentait une certaine ambiguïté en ce qui concerne la propriété des presbytères et des églises. Ces édifices retournaient-ils à leur ancien possesseur, appartenaient-ils à la fabrique, ou devenaient-ils, d'après les articles 72 et 75, propriété de la commune? Le Conseil d'Etat fut bientôt chargé d'examiner cette question, et, par deux avis, l'un du 3 nivôse an XIII, l'autre du 6 pluviôse de la même année, il décida que les communes étaient devenues propriétaires des églises et presbytères qui leur avaient été abandonnés en exécution de la loi du 18 germinal an X (2).

La nouvelle organisation ecclésiastique avait laissé sans emploi un certain nombre d'églises et de presbytères; le décret du

(1) Décret du 3 ventôse an III (art. 8).

(2) Avis cités textuellement par Reverchon : *Projet de code ecclésiastique*, p. 135-137.

30 mai 1806 les concéda en *toute propriété* aux fabriques, qui eurent le droit, en se faisant autoriser par décret, de les vendre ou de les échanger. La commune dont le patrimoine s'était accru au détriment de celui des fabriques devait, par une conséquence équitable et logique, hériter d'une partie des charges qui, autrefois, incombaient aux curés *décimateurs* ou aux fabriques : le décret du 30 décembre 1809 fut conçu et rédigé dans cet esprit ; il distingue, à ce point de vue, trois espèces de dépenses : 1° les frais du culte ; 2° la réparation des églises et presbytères ; 3° l'indemnité de logement aux ministres du culte. Toutes ces dépenses, d'après l'interprétation donnée par la jurisprudence du Conseil d'Etat, incombaient en première ligne à la fabrique, la commune intervenant si l'insuffisance des revenus de la fabrique était constatée.

IV. — La loi municipale du 18 juillet 1837 semblait avoir apporté une modification à ce régime. Dans son article 30, § 13, elle classait parmi les dépenses obligatoires l'indemnité de logement aux curés, desservants et autres ministres des cultes salariés par l'Etat, sans indiquer que cette obligation fût *subsidiaire*, tandis qu'elle avait soin de rappeler, aux paragraphes 14 et 15 du même article, que les secours aux fabriques pour frais de culte et grosses réparations incombaient aux communes, dans le cas seulement où les fabriques, par la production de leurs comptes et budgets, justifieraient de l'insuffisance de leurs ressources. Les fabriques soutinrent que, dans *tous les cas*, la commune devait supporter l'indemnité de logement. La question fut portée devant la Cour de cassation, qui considéra l'indemnité de logement comme une obligation principale et directe de la commune (Cassation, 7 janvier 1839). Le ministre de l'intérieur ne s'inclina pas devant la décision de la Cour suprême ; il provoqua une consultation du Conseil d'Etat sur les obligations des communes à l'égard des fabriques, et sur l'autorité compétente pour déterminer l'étendue de ces obligations. Le 21 août 1839, un avis doctrinal consacra l'obligation subsidiaire de la commune et donna compétence à l'autorité administrative pour trancher les difficultés qui s'élèveraient à ce sujet. Depuis cette époque, le Conseil d'Etat, statuant au contentieux, a constamment décidé que, si la loi du 18 juillet 1837 avait compris l'indemnité de logement parmi les dépenses obligatoires des communes, elle n'avait pas entendu modifier les obligations imposées en première ligne aux fabriques par la législation antérieure (1). Jamais le Conseil d'Etat n'eut à résoudre cette question en ce qui concerne les cultes protestants. Il eût été intéressant de connaître l'avis du Conseil sur ce point; il n'aurait pu, croyons-nous, assimiler les ministres protestants aux curés ou desservants : dans le comité du Conseil d'Etat qui prépara l'ordonnance du 7 août 1842, une proposition tendant à limiter l'obligation des communes au cas d'insuffisance des revenus des consistoires fut repoussée, et il fut décidé que, pour les cultes protestant et israélite, l'obligation du logement serait principale et directe (2).

V. — Telle était la situation respective des fabriques et des communes quand, à la séance de la Chambre des députés du 19 décembre 1882, M. de Marcère, résumant diverses propositions de loi, déposa, au nom de la commission de réorganisation municipale, un projet en 140 articles. Ce projet, s'il eût été adopté purement et simplement, aurait exempté les communes de toute contribution aux frais du culte, à l'indemnité de logement, et aurait seulement laissé à leur charge, et d'une manière subsidiaire, les grandes réparations aux édifices consacrés aux cultes (3). Augmentant les dépenses des fabriques, il diminuait notablement leurs revenus, puisqu'il leur enlevait, pour l'attribuer aux communes, le produit des pompes funèbres (4). Dans la discussion, Mgr Freppel intervint et lutta vaillamment pour sauvegarder les droits des fabriques : il fit remarquer qu'en demandant la suppression du caractère obligatoire de toute subvention communale, on glissait tout doucement dans la théorie de la séparation de l'Eglise et de l'Etat, et, dans la séance du 1er mars, il déposa un amendement ten-

(1) Consultez arrêts du Conseil d'Etat, 21 avril 1848, Lebon, 48 p. 189; — a. 24 août 1849, Lebon, 49-556; — a. 29 décembre 1853, Lebon, 53-1120; — a. 16 juillet 1875, Lebon, 75-685; — a. 12 mai 1876, Lebon, 76-426; — a. 16 janvier 1880, Lebon, 80-58.

(2) Conclusions de M. Cornudet, commissaire du gouvernement. — Lebon, 1848, p. 189.

(3) Chambre des députés, annexe, n° 1547, art. 112, § 12. *Off.*, janvier 1883.

(4) Projet, art. 108, § 9. — *Officiel*, Annexe-Chambre, p. 2668, janvier 1883.

dant à rétablir purement et simplement le système de la loi de 1837 telle qu'elle était interprétée par le Conseil d'Etat. Cet amendement fut repoussé, tandis qu'on adopta celui de M. Jules Roche, qui supprima, à la fin de l'article 112, § 12, du projet, la réserve, en ce qui concerne les grosses réparations, de l'exécution des lois spéciales concernant les édifices consacrés au culte. De cette manière, jamais la commune n'était obligée de solder une dépense relative aux cultes ; pourtant, et en sa qualité de propriétaire de certaines églises et de certains presbytères, elle restait tenue aux grosses réparations à ces édifices (art. 606 du code civil). M. Roche acceptait cette conséquence ; mais voulant à tout prix diminuer les ressources pécuniaires de la religion, il n'était pas logique jusqu'au bout; il voulait maintenir l'article 37, § 4, du décret du 30 décembre 1809, et imposer d'abord aux fabriques les grosses réparations des édifices appartenant aux communes, celles-ci devant y contribuer en seconde ligne. C'est dans ces termes que la loi sortit des délibérations de la Chambre des députés. En deuxième délibération, on ne prit en considération ni l'amendement de M. Silhol, tendant à créer l'obligation subsidiaire des communes, ni l'amendement de M. Steeg, qui voulait que les communes eussent la liberté d'accorder ou de refuser l'indemnité de logement, mais que l'ayant accordée à l'un des ministres d'un culte salarié par l'Etat, elles n'eussent plus le droit de la refuser au ministre d'une autre religion également reconnue par l'Etat.

La commission du Sénat n'accepta pas ce régime injuste et vexatoire. Sans imposer aux communes de subvenir aux dépenses du culte, elle rangea, parmi les dépenses obligatoires, l'indemnité de logement aux ministres des cultes salariés par l'Etat. Cette obligation devenait principale et directe, « parce que la suppression de l'indemnité de logement établirait, entre les ministres des cultes pourvus de presbytères et ceux qui n'en ont pas, une inégalité choquante que rien ne peut expliquer ni motiver (2). » Quant aux grosses réparations,

(1) Voir 2e délibération, séance du 5 novembre 1883.

(2) Rapport de M. Demôle, Sénat, annexe, no 23. *Off.*, janvier 1884. — Projet modifié, art. 139, § 10.

elle maintint le système adopté par la Chambre. Le Sénat rétablit sans discussion l'indemnité de logement, mais il hésita beaucoup à imposer aux communes une part quelconque dans les frais du culte. Après avoir rejeté en première lecture l'amendement de M. de Pressensé conçu dans ce sens (1), il l'adopta en seconde délibération, grâce aux efforts de ce vrai libéral, qui veut la liberté même pour ses adversaires ; il se laissa convaincre par les arguments présentés par M. Bardoux (2). L'ancien ministre démontra, de la façon la plus péremptoire, que la suppression par les communes de toute subvention aux cultes reconnus par l'Etat constituerait une violation formelle du concordat. Malheureusement, les bonnes dispositions de la Chambre haute n'eurent qu'une durée éphémère : le projet, modifié, retourna à la Chambre des députés ; celle-ci raya complètement de la loi l'amendement Pressensé, substitua, pour l'indemnité de logement, l'obligation subsidiaire à l'obligation principale, tout en maintenant la disposition additionnelle de M. Lenoël, qui mettait les grosses réparations à la charge des fabriques, si elles avaient des revenus assez considérables (3). Le Sénat ne voulut pas provoquer un conflit : il se soumit aux volontés de la Chambre. C'est en vain que M. Batbie conjura ses collègues de persister dans leur premier vote : le texte adopté par la Chambre des députés, dans sa séance du 21 mars, fut voté définitivement par le Sénat (4) et devint la loi du 5 avril 1884. Résumons ses dispositions.

VI. — La commune n'est plus tenue de voter des fonds pour subvenir aux frais du culte, qui sont, dans *tous les cas* et dans *leur intégralité*, supportés par les fabriques. Le Conseil municipal a le droit de voter des subventions pour cet objet ; mais ces subventions rentrent dans le chapitre des dépenses facultatives, et l'administration supérieure peut, méconnaissant la volonté des élus du suffrage universel, rayer cette allocation si le budget ne pourvoit pas à toutes les dépenses obligatoires, ou même si, ayant pourvu à toutes ces dépenses, il consacre

(1) Sénat, séance du 14 février 1884.
(2) Sénat, séance du 13 mars 1884.
(3) Chambre, séance du 21 mars 1884.
(4) Sénat, séance du 29 mars 1884.

une recette extraordinaire à solder des dépenses obligatoires ou facultatives (art. 145, loi du 5 avril 1884). En d'autres termes, le Conseil municipal reste maître de son budget dans la seule hypothèse où, après pourvu aux dépenses obligatoires, il *économise* ses recettes extraordinaires, hypothèse qui se présentera bien rarement aujourd'hui.

L'indemnité de logement devient *législativement* une obligation subsidiaire de la commune ; ainsi se trouve tranchée une controverse qui, presque chaque année, était à nouveau soumise au Conseil d'Etat.

Quant aux grosses réparations, quel que soit le propriétaire de l'édifice, la commune en sera tenue après l'application préalable des ressources des fabriques à ces réparations. M. Lorois posa à ce sujet une question à la Chambre (1) ; il fit remarquer qu'il était nécessaire d'indiquer dans quel ordre se feraient les dépenses : si les revenus étaient employés en première ligne à la réparation des édifices, ils pourraient être complètement absorbés, et il ne resterait aucun fond pour le service du culte. On tint compte de cette observation : la circulaire ministérielle du 15 mai 1884 reconnaît que « les fabriques peuvent employer d'abord leurs revenus aux dépenses du culte et à l'entretien des édifices paroissiaux ; l'excédent de leurs revenus disponibles doit être nécessairement appliqué aux grosses réparations et à l'indemnité de logement (2). »

Les dépenses des fabriques se trouvent ainsi notablement accrues; leurs ressources sont fort menacées. La loi du 5 avril ne leur enlève pas, ainsi que l'avait décidé la Chambre en seconde lecture, le produit des pompes funèbres : elle réserve cette question, qui sera résolue par la loi sur les inhumations soumise actuellement au Sénat; mais il est fort à craindre que, cette fois encore, on sacrifie l'intérêt des établissements religieux. Mais, dès maintenant, elles sont privées du produit spontané des terrains communaux affectés aux inhumations, l'entretien des cimetières et leur translation restant dans tous les cas à la charge de la commune (3).

(1) Chambre des députés, séance du 22 mars 1884.
(2) *Officiel* du 20 mai 1884, p. 2674.
(3) Art. 133, § 9, art. 136, § 13, loi du 5 avril 1884.

Toutes ces transformations ont-elles été adoptées pour rendre le budget de la fabrique indépendant du budget communal, pour confiner le curé dans son église, le rendre indépendant de l'administrstion ? Si tel avait été le but du législateur, restreignant, comme il l'a fait, les obligations communales, il aurait, sans aucun doute, maintenu la disposition fort sage de la loi de 1837, qui exigeait la communication des budgets des fabriques, mais seulement dans le cas où elles recevaient des secours sur les fonds communaux (1). Le principe de l'intervention du Conseil municipal reposait sur le concours de la commune dans la dépense. L'article 70, § 5, de la loi du 5 avril, assujettit la fabrique au contrôle incessant de la commune; toujours, alors même que la fabrique ne réclamera aucune subvention, elle devra communiquer au Conseil municipal une copie non seulement de ses comptes, mais du budget lui-même. N'est-ce pas là une source incessante de conflits, et n'est-il pas illogique de restreindre d'un côté les obligations de la commune, tandis que de l'autre on rend le contrôle plus sévère et plus dur (2) ?

Suivant en cela les dispositions de notre ancien droit, l'article 136 confie à l'autorité administrative la solution des difficultés qui naîtront entre les établissements religieux et les communes, relativement au concours de ces dernières pour l'indemnité de logement et pour les grosses réparations. La solution du différend appartient au président de la République, qui statue par décret sur le rapport des ministres de l'intérieur et des cultes.

La nouvelle loi a-t-elle suffisamment protégé les administrations préposées aux cultes salariés par l'Etat? A-t-elle respecté le Concordat dans son texte et dans son esprit? Nous ne le pensons pas. Il suffit, pour s'en convaincre, de lire le rapport de Portalis sur le décret du 30 décembre 1809. « Si l'Etat, » dit ce grand jurisconsulte, « assigne des fonds particuliers aux dépenses des cultes, l'Etat ne pourvoit pas à tout, et les libéralités des fidèles ne sauraient suppléer à tout ce qui manque.

(1) Art. 21, § 7, loi du 18 juillet 1837.
(2) Chambre des députés, séances des 13 février et 7 juillet 1883.

Alors la commune doit venir au secours de la société religieuse qu'elle porte dans son sein. » Ce secours est indispensable pour les frais du culte quand les fabriques n'ont pas de ressources, et malheureusement c'est la situation presque générale de nos modestes églises de village. Il suffira maintenant d'une rivalité entre le maire et le curé pour que le service divin ne puisse plus, dans nos campagnes, être célébré d'une manière convenable, et pourtant, l'article 1er du Concordat déclare que les religions catholique et protestante seront librement exercées en France, que le culte sera public. Une telle disposition implique nécessairement, pour la commune ou pour l'Etat, l'obligation de fournir les fonds nécessaires pour assurer la célébration de ces cultes.

Les Chambres de 1884 ont rayé cette obligation; elles n'ont pas écouté les paroles pleines de sagesse de M. de Pressensé, qui les adjurait d'appliquer le concordat avec une large impartialité; elles ont ainsi abandonné « cette neutralité de l'Etat » qui est la pensée immortelle planant au-dessus des inconséquences, des orages et des emportements de la Révolution » française. »

ERNEST THORIN, EDITEUR

BARD (Alph.), docteur en droit, substitut près le tribunal civil de la Seine. — *Précis de droit international pénal et privé.* 1 vol. in-8. 7 50

BARD et **ROBIQUET**. — *Droit constitutionnel comparé.* La Constitution française de 1875, étudiée dans ses rapports avec les législations étrangères, par MM. A. BARD, et P. ROBIQUET. *Deuxième édition*, revue, corrigée et augmentée. 1 beau vol. gr. in-18 jésus. 5 »

BLOCH (G.). *Origines du Sénat romain. Recherches sur la formation et la dissolution du Sénat patricien.* 1 vol. gr. in-8°. 9 »

BOISSONADE (Gustave), professeur agrégé à la Faculté de droit de Paris. — *Histoire des droits de l'époux survivant* (*Ouvrage couronné par l'Institut de France* : Académie des sciences morales et politiques). 1 vol. in-8. 7 50

BOISTEL (Alphonse), professeur à la Faculté de droit de Paris. — *Précis d'un cours de droit commercial professé à la Faculté de droit de Paris. Troisième édition*, revue, corrigée et considérablement augmentée. 1884, 1 fort vol. grand in-8. 15 »

DROZ (Alfred), avocat à la Cour d'appel de Paris, docteur en droit, lauréat de l'Institut de France. — *Traité des assurances maritimes, du délaissement et des avaries.* 2 beaux vol. in-8. 18 »

DUCROCQ (Th.), professeur de droit administratif à la Faculté de droit de Paris, correspondant de l'Institut de France, etc., etc. — *Cours de droit administratif*, contenant l'exposé et le commentaire de la législation administrative dans son dernier état, avec la reproduction des principaux textes, dans un ordre méthodique. *Sixième édition*, considérablement augmentée, mise au courant de la doctrine, de la jurisprudence, etc. 1881, 2 très forts vol. in-8 compactes, contenant la matière de plusieurs volumes ordinaires. Brochés. 20 »

— *Le même ouvrage.* Relié en demi-chagrin. 24 »

FABRE (Jules), avocat à la Cour d'appel de Paris. — *Des courtiers* (courtiers d'assurances maritimes, courtiers interprètes conducteurs de navires, courtiers assermentés aux tribunaux de commerce, courtiers libres, etc.). 2 vol. in-8. 16 »

GÉRARDIN (C.), professeur de droit romain à la Faculté de droit de Paris, et **JOZON** (Paul). — *Le droit des obligations*, traduit de l'allemand de M. de Savigny. *Deuxième édition*, revue, corrigée et augmentée. 2 beaux vol. in-8 sur papier vélin. 15 »

HAUS (J.-J.). *Principes généraux de droit privé belge. Troisième édition.* 1885, 2 beaux vol. in-8°. 20 »

KELLER (F.-L. de). — *De la procédure civile et des actions chez les Romains*; traduit de l'allemand et précédé d'une introduction par M. Charles CAPMAS, recteur honoraire de l'Académie de Toulouse. 1870, 1 beau vol. in-8. 9 »

LALANDE (H. de) et **COUTURIER** (Abel). — *Traité théorique et pratique du contrat d'assurances contre l'incendie*, d'après la doctrine et la jurisprudence. 1885, 1 fort vol. in-8°. 10 »

LEFORT (Joseph), lauréat de l'Institut de France, avocat à la Cour d'appel de Paris. — *Cours élémentaire de droit criminel* (Droit pénal, Procédure criminelle). *Deuxième édition*, revue et augmentée. 1 vol. in-8. 8 »

RAMBAUD (Prosper), avocat, répétiteur en droit. — *Précis élémentaire d'économie politique*, à l'usage des Facultés de droit et des Ecoles. *Quatrième édition.* 1 vol. gr. in-18 jésus. 3 »

— *Du Placement des capitaux en valeurs de bourse.* 1885, 2 vol. in-8°. 16 »

STAHL (Frédéric-Jules). — *Histoire de la philosophie du droit.* Traduit de l'allemand et précédé d'une introduction et d'une notice historique et critique sur les œuvres de l'auteur, président du consistoire central, professeur de l'Université de Berlin et membre de la Chambre des seigneurs; par A. Chauffard, président du tribunal civil de Lavaur. 1 vol. in-8. 12 »

SUMNER MAINE (Sir Henry), correspondant de l'Institut de France, professeur à l'Université de Cambridge, membre de la Société royale de Londres, etc. — *Etudes sur l'histoire des institutions primitives.* Traduit de l'anglais, avec une préface, par M. Jos. Durieu de Leyritz, avocat, et précédé d'une introduction par M. H. d'Arbois de Jubainville, professeur au collège de France. 1 beau vol. in-8. 10 »

— *Etudes sur l'ancien droit et la coutume primitive*, trad. de l'anglais par René de Kérallain, docteur en droit. 1884, 1 vol. in-8°. 10 »

THÉZARD (Léopold), doyen et professeur de code civil à la Faculté de droit de Poitiers, avocat à la Cour d'appel. — *Du nantissement, des privilèges et des hypothèques* et de l'expropriation forcée (*Code civil*, liv. III, titres XVII-XIX). 1880, 1 vol. in-8. 9 »

— *Répétitions écrites sur le droit romain. Quatrième édition*, refondue et considérablement augmentée. 1885, 1 vol. gr. in-18, jésus. 5 »

www.ingramcontent.com/pod-product-compliance
Lightning Source LLC
LaVergne TN
LVHW020505230826
846091LV00008BA/3354

* 9 7 8 2 0 1 9 2 8 8 9 4 5 *